DAS ENNEAGRAMM

Eine Methode zum Bestimmen des eigenen Persönlichkeitstyps

Verfasst von Valérie Debruche

Übersetzt von Mareike Lobeck

Für die Arbeitswelt 50MINUTEN.de

DAS ENNEAGRAMM

- **Ziel:** mit dem Enneagramm seine Persönlichkeit voll entfalten
- **Anwendung:** Diese Selbstanalysemethode dient der gezielten Persönlichkeitsentwicklung und hilft gerade im Beruf dabei, seinen Platz im Unternehmen zu finden
- **Arbeitskontext:** Personalwesen, Arbeitspsychologie, Kommunikation, Management
- **FAQ:**
  - Ist die Verwendung des Enneagramms zur Persönlichkeitsanalyse gleichbedeutend mit Kastendenken?
  - Erfahre ich wirklich Neues über mich selbst, wenn ich meine Persönlichkeit mithilfe des Enneagramms betrachte?
  - Welcher Zusammenhang besteht mit meinem Berufsleben?
  - Passt zu jedem Persönlichkeitstyp ein bestimmter Beruf?
  - Kommen manche Persönlichkeitstypen gar nicht miteinander aus?
  - Ändert sich der eigene Persönlichkeitstyp mit der Zeit?

EINLEITUNG

Jeder, der im Berufsleben steht, setzt sich zwangsläufig mit gewissen Herausforderungen auseinander: den richtigen Beruf und dort seinen Platz finden, sich selbst verwirklichen etc. Wie erfolgreich man dabei ist, hängt jedoch von der eigenen Selbstkenntnis ab, zu der man nicht unbedingt so leicht kommt. Das Enneagramm erweist sich dabei als nützliches Hilfsmittel.

Das Enneagramm ist eine Methode zur Analyse der eigenen Persönlichkeit, die hilft, sich besser innerhalb eines Unternehmens zu positionieren und dadurch bessere Ergebnisse zu erzielen. Dabei werden die Stärken und Schwächen, ebenso wie die Art, diese bestmöglich einzusetzen, beleuchtet. Sie hilft also dabei, Antworten auf die folgenden Fragen zu finden: Wie kann ich Wohlbefinden und Erfolg miteinander verbinden? Wie kann sich meine Persönlichkeit vollständig entfalten?

Die meisten Menschen hinterfragen nach einigen Jahren im Beruf ihre Karrierewahl. Genauso hatten viele schon einmal das Gefühl, sich – sowohl beruflich als auch privat – enorm anstrengen zu müssen, um weiterzukommen. Hier setzt das Enneagramm an, mit dem man sich bewerten und analysieren kann, um sich selbst besser zu verstehen und sein Verhalten geschickt einzusetzen.

Trotz ihrer einfachen Anwendung weist die Methode komplexe Aspekte auf. Sie ordnet die Persönlichkeit nicht einfach nur in eine Kategorie ein, sondert weist auch Verbesserungsmöglichkeiten auf.

DAS ENNEAGRAMM: DIE GRUNDLAGEN

WAS IST EIN ENNEAGRAMM?

Das Enneagramm besteht als psychologischer Ansatz bereits seit der Antike und wurde unter anderem von christlichen und sufitischen Gemeinschaften verwendet. Während es lange lediglich der Anwendung im religiösen und philosophischen Kontext diente, ist es in den 1970er Jahren in den USA auch auf die Psychologie übertragen worden und wird seitdem ebenfalls in der Arbeitswelt verwendet. Dabei ist diese neue Popularität vor allem auf den chilenischen Psychiater Claudio Naranjo (geboren 1932) zurückzuführen, der sich lange mit dem Enneagramm und der Definition von dessen neun Persönlichkeitstypen beschäftigt hat. Zur gleichen Zeit hat sich das Enneagramm ebenfalls in der Esoterik, in der Wirtschaft und im Bildungswesen etabliert, wo es einen ähnlichen Zweck erfüllt. Experten in diesem Bereich schreiben der überarbeiteten Methode die folgenden drei positiven Aspekte zu:

- Es handelt sich um eine individuelle Analyse.
- Dabei wird in erster Linie beschrieben, warum und nicht wie der Mensch handelt, da die gleichzeitigen Vorgänge in den drei verschiedenen Bereichen des Gehirns miteinbezogen werden.
- Die Herangehensweise ist dynamisch und nicht auf eine Einordnung in Kategorien beschränkt, sodass die Analyse Verbesserungsmöglichkeiten hervorbringt.

Das Gehirn

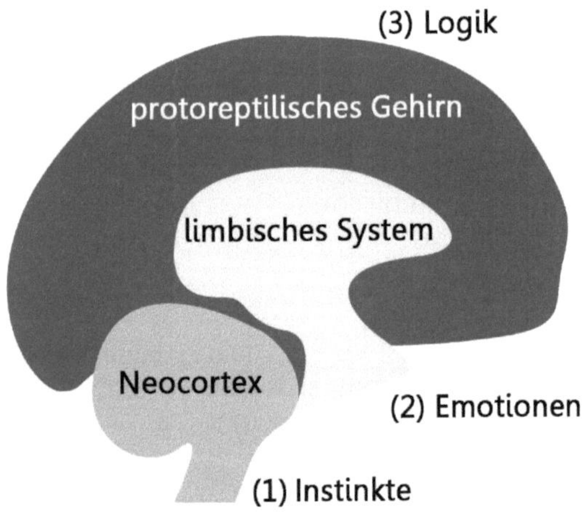

Die Bezeichnung „Enneagramm" geht auf die geometrische Form des neuneckigen Symbols zurück (aus dem Griechischen *gramma* für „das Geschriebene" und *ennea* für „neun"). Ziel der Methode ist, die Persönlichkeit in eine der neun Kategorien einzuordnen. Das Enneagramm besteht aus einem Kreis, dem eine Form mit neun Ecken eingeschrieben ist. Jede dieser Ecken steht für einen Persönlichkeitstyp, der verschiedene Charaktereigenschaften umfasst. Diese wiederum bestimmen das Verhalten einer Person.

Das Enneagramm

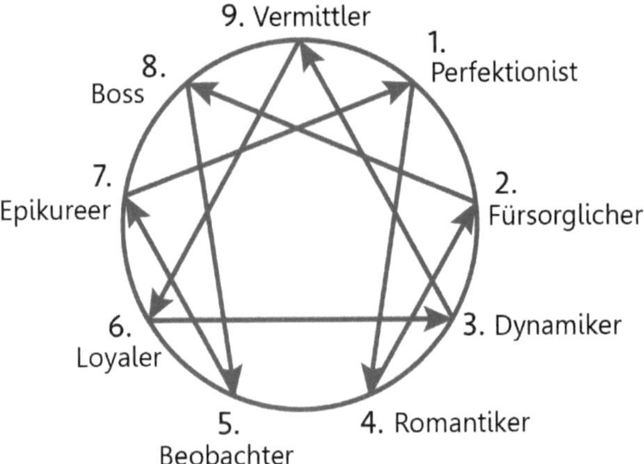

Beweggründe
1. Wut vermeiden
2. Ablehnung vermeiden
3. Misserfolg vermeiden
4. Banalität vermeiden
5. Innere Leere und Einmischung vermeiden
6. Abweichungen und Verrat vermeiden
7. Leid vermeiden
8. Schwäche vermeiden
9. Konflikt vermeiden

Das Enneagramm kann dabei überall eingesetzt werden, wo man seine Beziehungen verbessern und sein Wohlbefinden stärken möchte. Gerade in der Arbeitswelt findet die Methode große Beliebtheit. Dort lenkt sie effizient organisatorische Umstrukturierungen und steht im Mittelpunkt zahlreicher Fortbildungen. Denn durch die Bestimmung des eigenen Persönlichkeitstyps ermöglicht sie es, bestimmte Fähigkeiten festzustellen und den Moment vorherzusehen, an dem sich gewisse Schwächen bemerkbar machen werden. Besonders hilfreich ist die Dynamik des Enneagramms, da mit der Einteilung die eigene Reaktion ebenso wie die der anderen antizipiert wird, sodass man eine angemessene Position in der Unternehmensstruktur einnehmen kann. Wenn die Methode korrekt angewendet und nicht vorzeitig beendet wird, werden die Auswirkungen der Ergebnisse sicherlich die vorherigen Erwartungen übertreffen.

Im Folgenden wird das Konzept des Enneagramms und die einzelnen Persönlichkeitstypen allgemein vorgestellt. Sie können Ihre Persönlichkeit anhand dieser Beschreibungen auch ohne Fragebogen bestimmen bzw. grob einordnen.

Eine vollständige Persönlichkeitsanalyse kann jedoch abhängig von der gewünschten Gründlichkeit mehr Zeit in Anspruch nehmen.

<u>**Tipp für den Arbeitgeber**</u>

Warum sollte man als Arbeitgeber für die Beschäftigung mit dem Enneagramm Arbeitszeit opfern? Auseinandersetzungen und Missverständnisse zwischen Kollegen, ebenso wie zwischen Mitarbeitern und Vorgesetzten, können sich negativ auf die Arbeitsatmosphäre auswirken. Ihre Ursache liegt häufig darin, dass man die Gedankengänge und Beweggründe des anderen nicht versteht. Hinzu kommt, dass man auch die Gründe für das eigene Verhalten nicht unbedingt kennt. Das Enneagramm ermöglicht es im Unternehmen, nicht nur sich selbst besser kennenzulernen und das eigene Wohlbefinden zu erhöhen, sondern vor allem zu erkennen, dass jeder seine eigenen Beweggründe für sein Verhalten hat. Zukünftige Konflikte können gerade dadurch schon jetzt entschärft werden, indem man versteht, wie das Berufsumfeld denkt und warum es so handelt.

Ein individuelles Hilfsmittel

Das Besondere am Enneagramm ist, dass es quasi zur Selbstheilung eingesetzt werden kann. Diese Art von Verfahren erfreut sich heutzutage immer größerer Beliebtheit. Die Anwendung des Enneagramms besteht aus den folgenden Schritten:

- ein Bewusstsein für sich selbst entwickeln und sich selbst besser kennen lernen wollen (dieser Schritt sollte nicht vernachlässigt werden)
- den eigenen Persönlichkeitstyp erkennen und im Enneagramm bestimmen
- Möglichkeiten zum besten Umgang mit seinem Persönlichkeitstyp feststellen, die durch die Einordnung im Enneagramm vorgegeben sind oder von der entsprechenden Literatur vorgeschlagen werden (Verhaltensweisen markieren, die zu Problemen führen)
- die Erkenntnisse aus dem Enneagramm im (Berufs-)Alltag anwenden

Natürlich spielen bei jedem dieser Schritte ebenfalls die Kenntnisse und Beiträge von

Experten eine Rolle. Dennoch ändert dies nichts am eigentlichen Vorgehen: Von Anfang bis Ende steht immer die Person im Mittelpunkt, die sich verändern will.

Claudio Naranjo beklagt die Tatsache, dass die Selbstanalyse heutzutage meist keinen allzu guten Ruf genießt. Tatsächlich beanspruchen Psychoanalytiker in der Regel das Monopol auf die Persönlichkeitsentschlüsselung zur Verbesserung des Wohlbefindens. Naranjo weist dieses ablehnende Verhalten zurück und erklärt:

> In einer Zeit, in der eine Verbesserung der misslichen kollektiven Situation stark von der menschlichen Veränderung des Einzelnen abhängt, können wir es uns nicht leisten, das Potenzial und die Motivation von Menschen, an sich zu arbeiten, nicht wachzurufen, insoweit sie dazu selbst in der Lage sind. (Naranjo: *Charakter und Neurose*. S. 252)

Der Enneagramm-Typ

Manchen fällt es leicht, ganz einfach durch die Beschreibung der verschiedenen Enneagramm-Typen den zu finden, der ihrer Persönlichkeit am meisten entspricht. Gerade wenn man sich schon mit sich auseinandergesetzt hat, wirkt die Zugehörigkeit zu einem der Typen eindeutig. Das bedeutet jedoch nicht zwangsläufig, dass diese Zuordnung korrekt ist. Es ist äußerst schwierig, sich selbst wirklich zu kennen, weswegen empfohlen wird, soviel wie möglich über das Thema zu lesen, bevor man sich einen Persönlichkeitstypen zuschreibt.

Als einen ersten Schritt können Sie sich beim Lesen der hier aufgeführten Definitionen – die einen ersten Aufschluss über die Persönlichkeit geben, ohne zu komplex zu sein – einem der Typen zuordnen. Wenn Ihnen dieses Vorgehen jedoch zu schwierig erscheint, können Sie sich ebenfalls über einen Zeitraum von ein paar Tagen oder Wochen beobachten: Wie reagieren Sie auf bestimmte Situationen, wie interagieren Sie mit Ihren Mitmenschen, welche Ziele verfolgen Sie, wo liegen Ihre Prioritäten etc. Sie können dazu ebenfalls Ihre Freunde und Familie befragen.

Zusätzlich können Sie auch einen Test zu Rate ziehen. In diesem Fall sollten Sie eine anerkannte Methode verwenden und einen Experten aufsuchen, der Ihnen bei der Auswertung der Ergebnisse hilft.

In diesem Buch wird lediglich auf die Grundtypen eingegangen. Eine Persönlichkeit umfasst jedoch mehr als nur die Eigenschaften eines Enneagramm-Typs. So ist es wahrscheinlich, dass Sie sich in verschiedenen Aspekten unterschiedlicher Typen wiederfinden. Dennoch wird vermutlich ein Typ Ihre Persönlichkeit am besten beschreiben. Auch wenn Ihnen nicht jede Eigenschaft immer entspricht, handelt es sich dabei um Ihren „Grundtypen".

Diesem dominanten Typen wird ein Flügeltyp zugeordnet, da jeder Typ sowohl von dem vorherigen als auch dem folgenden Typ beeinflusst wird, meist von einem mehr als vom anderen. Zum Typ 9 gehört also entweder Typ 8 oder 1 als dominanter Flügeltyp.

Der Flügeltyp

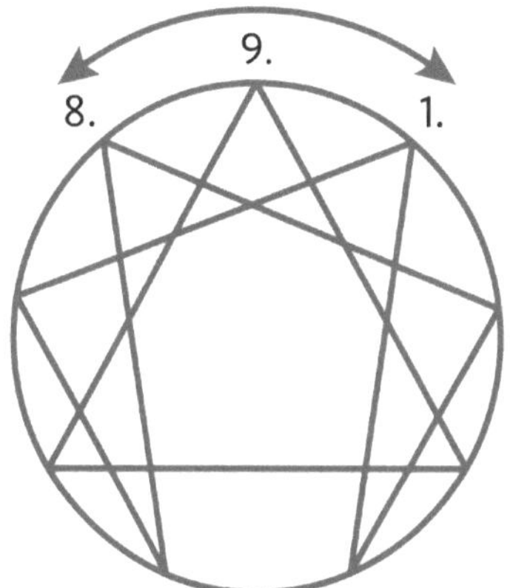

Hinzukommen außerdem Entwicklungsrichtungen, die sogenannten Integrations- bzw. Desintegrationsrichtungen, die Neigungen zu bestimmtem positiven bzw. negativen Verhalten angeben. In der folgenden Darstellung wird dies durch die Pfeile zwischen den verschiedenen Persönlichkeitstypen dargestellt. An jedem dieser Typen kommt ein Pfeil an und von jedem führt ein Pfeil weg. Der ankommende Pfeil gibt dabei Aufschluss über das Verhalten, dass die Person annimmt, wenn sie sich sicher fühlt. Der abgehende Pfeil zeigt hingegen an, wie sich die Person bei Stress oder Gefahr verhält.

In einer angenehmen Situation positiver Entwicklung neigt eine bis dahin ängstliche und misstrauische 6 dazu, das Verhalten einer entspannten 9 anzunehmen, die tolerant und gelassen ist. Wird auf eine verlässliche und stabile 6 jedoch zu hoher Druck ausgeübt, neigt sie zum Verhalten einer arroganten 3, die sich anderen gegenüber verächtlich verhält.

Die Entwicklungsrichtungen

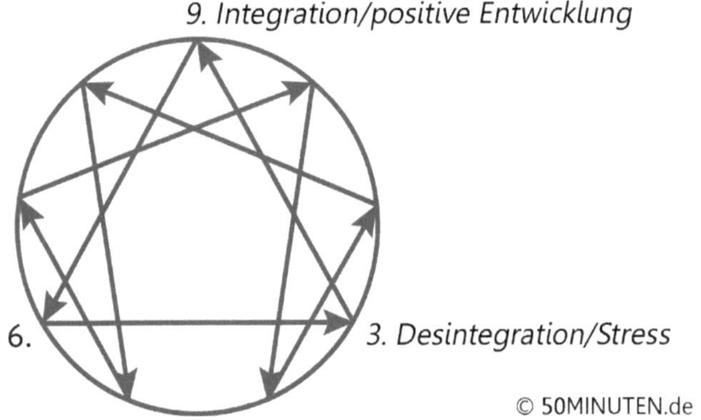

Das Vorgehen

Verschiedene Methoden eignen sich dazu, seinen Persönlichkeitstyp zu bestimmen. Besonders beliebt ist dabei ein Persönlichkeitstest, der mehr oder weniger ausführlich sein kann. Er ist in der Regel dafür ausgelegt, von der Person selbst beantwortet zu werden, allerdings können zur Wahrung einer gewissen Objektivität auch ein bis zwei nahestehende Personen zu Hilfe gezogen werden. Sich objektiv zu betrachten ist dabei essentiell, da ansonsten die Zuordnung zu einem Persönlichkeitstypen verfälscht wird und nicht sinnvoll an den Verhaltensweisen gearbeitet werden kann.

Die hier vorgeschlagene Methode ist intuitiver, allerdings sollte die Persönlichkeitsbestimmung im Anschluss fortgeführt werden, wenn Sie an sich und Ihren Geschäftsbeziehungen arbeiten möchten. Jeder der neun Enneagramm-Typen kann mit bestimmten Eigenschaften verbunden werden, die einer von drei folgenden Kategorien zuzuordnen sind. Diese sind gekennzeichnet durch:

- die Dominanz einer der Bereiche des Gehirns
- die Einstellung zur Welt
- die Beweggründe des Handelns

Im folgenden Kapitel werden die Eigenschaften dieser drei Kategorien kurz beschrieben. Anschließend werden Sie Ihre Persönlichkeit schon einem oder mehrerer Enneagramm-Typen zuordnen können. Da dieses Vorgehen stark vereinfacht ist, kann es sein, dass Sie sich in keiner der Kombinationen wiederfinden. Sie sollten in diesem Fall berücksichtigen, dass die Vorgehensweise hier lediglich einen ersten Schritt für die Einordnung Ihrer Persönlichkeit darstellt. Diese sollte anschließend durch einen Persönlichkeitstest ergänzt und genauer ausgerichtet werden.

DECODIERUNG DER PERSÖNLICHKEIT

Versuchen Sie, so objektiv wie möglich, für jede der drei Kategorien festzustellen, was Ihre Persönlichkeit ausmacht.

Welcher Bereich des Gehirns ist dominant?

- Das protoreptilische Gehirn – der Bauchtyp: instinktgesteuert, verwendet keine Zeit auf Nachdenken, trifft Entscheidungen durch Intuition, wird vom materiellen Vorteil angezogen, neigt dazu, sich zum Anführer einer Gruppe zu machen

- Das limbische System – der Herztyp: wird von seinen Emotionen geleitet, ist sehr aufopferungsvoll, erhält gerne Wertschätzung, sieht diese aber als zu selten und gering für die geleistete Arbeit an, passt sich dem Kontext und Umfeld an
- Der Neocortex – der Kopftyp: wird von seinem Verstand geleitet, strebt nach mehr Information, gibt wenig von seinen Gefühlen preis, handelt niemals impulsiv, neigt dazu, sich aus dem Gemeinschaftsleben herauszuhalten

Wie ist Ihre Einstellung zur Welt?

- Feindlich: kämpferische Einstellung gegenüber dem Rest der Welt, Gefühl einem Feind gegenüber zu stehen und Stärke beweisen zu müssen
- Zuvorkommend: Kompromissbereitschaft hinsichtlich der Anfragen anderer, Gefühl sich anpassen zu müssen
- Zurückhaltend: Abgrenzung vom Rest der Welt, Ablehnung von Herausforderungen und Hilfe

Worin bestehen Ihre Beweggründe des Handelns?

- Selbstbetrachtung: geringes Interesse für andere, exzessive Selbstwertschätzung
- Opportunismus: an der öffentlichen Meinung ausgerichtetes Handeln, Selbstverleugnung, um das Handeln an die Erwartungen anzupassen
- Konkurrenzdenken: besondere Aufmerksamkeit auf Äußerlichkeiten, trotziges Verhalten anderen gegenüber

Die folgende Tabelle fasst die genannten Punkte zusammen. Wenn Sie sich mit den verschiedenen Kategorien identifizieren konnten, können Sie nun Ihren Enneagramm-Typen bestimmen.

Die Enneagramm-Typen

Enneagramm-Typ	Dominanter Gehirnbereich	Einstellung gegenüber der Welt	Beweggründe des Handelns
1	protoreptilisches Gehirn	feindlich	Konkurrenzdenken
2	limbisches System	zuvorkommend	Selbstbetrachtung
3	limbisches System	feindlich	Opportunismus
4	limbisches System	zurückhaltend	Konkurrenzdenken
5	Neocortex	zurückhaltend	Selbstbetrachtung
6	Neocortex	zuvorkommend	Opportunismus
7	Neocortex	zuvorkommend	Konkurrenzdenken
8	protoreptilisches Gehirn	feindlich	Selbstbetrachtung
9	protoreptilisches Gehirn	zurückhaltend	Opportunismus

ZUSATZINFORMATION:

KONFLIKTMANAGEMENT

Jeder Persönlichkeitstyp hat unterschiedliche Beweggründe für sein Handeln. Daraus entstehen – gerade auch in der

Berufswelt – Meinungsverschiedenheiten, Unstimmigkeiten und Missverständnisse. Wenn das Enneagramm im Unternehmen angewendet wird, hilft es beispielsweise zu verstehen, was einen selbst antreibt und welche Beweggründe die Kollegen zu ihren Entscheidungen führen, sodass die Reaktionen aller besser abgeschätzt werden können. Die Position des Gegenübers nachzuvollziehen ermöglicht es, Konflikte leichter zu entschärfen.

DIE NEUN ENNEAGRAMM-TYPEN

Typ 1: Perfektionist, Reformer, Idealist

Menschen mit Persönlichkeitstyp 1 zeichnen sich durch ihre Rechtschaffenheit und Ansprüche an sich selbst aus. Ihr Handeln ist geprägt von dem Wettbewerb, in dem sie mit anderen und sich selbst stehen. Sie erfahren gerne Wertschätzung für das, was sie geleistet haben. Wenn sie diese nicht bekommen, drücken sie ihre Unzufriedenheit lautstark in Form von Kritik aus.

Typ 2: Geber, Fürsorglicher

Das Verhalten dieses Persönlichkeitstyps ist vor allem auf andere Menschen ausgerichtet und umfasst Eigenschaften wie Hingabe, Großzügigkeit, Unterstützung, Aufmerksamkeit etc. Der Persönlichkeitstyp 2 handelt manchmal zu seinem eigenen Nachteil, was eigentlich einen gewissen Hochmut verdeckt: Er wird vor allem von seinem ausgeprägten Selbstwertgefühl geleitet, das durch altruistisches Handeln weiter gestärkt wird.

Typ 3: Dynamiker, Macher

Dieser Persönlichkeitstyp strebt nach Erfolg und erwartet, für diesen Anerkennung zu bekommen. Dieses Streben nach der Bestätigung durch sein Umfeld bestimmt sein Handeln. Sein Alltag ist durch Herausforderungen und eine pragmatische Herangehensweise geprägt, was ihn an guten Tagen dazu bringt, kompetent zu handeln, sich anzupassen und stetig verbessern zu wollen. An schlechten Tagen, wenn sich die 3 gehen lässt, neigt sie jedoch dazu, ihre Ziele durch Lügen und Täuschen zu erreichen.

Typ 4: tragischer Romantiker, Sensibler, Individualist

Die 4 möchte sich abheben und originell, sprich nicht wie die anderen, sein. Dieser Persönlichkeitstyp wird von seinen Wünschen und seiner Leidenschaft geleitet, er ist unbestreitbar der Romantiker unter den Enneagramm-Typen. Außerdem ist er kreativ und einfallsreich, lässt sich jedoch manchmal von seiner Unfähigkeit, seine Gefühle zu kontrollieren, überwältigen.

Typ 5: Beobachter, Neugieriger, Denker, Visionär

Menschen, die diesem Persönlichkeitstyp angehören, mögen es, für ihr Wissen, ihre gute Beobachtungsgabe und ihre Fähigkeit, innovative Lösungen zu finden, geschätzt zu werden. In einer unangenehmen Situation neigt die 5 dazu, sich auf einen Beobachtungsposten zurückzuziehen. Ihre Gleichgültigkeit kann dabei auch zynische und geizige Formen annehmen.

Typ 6: Loyaler, Verantwortlicher, Integrer

Ein Mensch mit Persönlichkeitstyp 6 ist absolut aufrichtig und lässt sich nicht beeinflussen, sodass er stets die Zügel in der Hand behält und wachsam sein kann. Wenn er gelassen ist, pflegt er seine Beziehungen und knüpft dauerhafte Bündnisse mit anderen, die in seinem Umfeld für Stabilität und Sicherheit sorgen. Unter Druck ist sein Alltag jedoch durch Zweifel, Angst und Argwohn geprägt. Er wird dann zum Verschwörer und teilt seine Befürchtungen und Verdachte seinem Umfeld mit.

Typ 7: Epikureer, Enthusiast, Abenteurer

Mit seiner Lebensfreude und seiner konstant positiven Einstellung findet der Persönlichkeitstyp 7 Erfüllung bei der Innovation und Planung zahlreicher unerwarteter Aktivitäten. Manchmal treibt er es dabei jedoch so weit, dass er zu keinem produktiven Ergebnis kommt und seinen eigenen Nachteil nicht erkennt.

Typ 8: Boss, Führer

Der Persönlichkeitstyp 8 wird von Stärke und Konkurrenzdenken geprägt. Er wird sowohl von seinem Instinkt als auch seinem Wunsch anzuführen gelenkt und ist dadurch der geborene Anführer, wofür er von seinem Umfeld bewundert wird. Er ist manchmal zu stark von sich eingenommen und kann in Extremfällen zu Größenwahn neigen, rachsüchtig sein oder sich der Realität verschließen, wenn diese nicht seinem Willen entspricht.

Typ 9: Vermittler, Friedliebender, Harmonischer, Non-Konformist, Toleranter

Menschen mit Persönlichkeitstyp 9 nehmen die Rolle des Schlichters ein, um ihrem Wunsch nach Frieden und Ruhe gerecht zu werden. Sie können gut kommunizieren, sind unkompliziert und optimistisch, allerdings geben sie der Mitsprache und den Wünschen ihrer Mitmenschen einen so großen Raum, dass sie selbst in den Hintergrund treten. Ihre Absicht Konflikte zu meiden kann so ausgeprägt sein, dass sie – mehr noch als Persönlichkeitstyp 8 – der Realität entfliehen, gegebenenfalls durch süchtig machende Betäubungsmittel.

ICH BIN DOCH NICHT NEUROTISCH!

Jeder Persönlichkeitstyp hat seine guten und schlechten Eigenschaften. Man muss also keine Angst davor haben, einen Typ für sich zu ermitteln, der als „neurotisch", „persönlichkeitsgestört", „faul" oder „vorgeblich altruistisch" etc. beschrieben wird. Denn genau da liegt die große Stärke des Enneagramms: Es zeigt die weniger erfreulichen Aspekte der Persönlichkeit auf, die in jedem Fall missfallen. Seine Persönlichkeit mit dieser Methode zu beleuchten bedeutet also, sich mit seinen Charakterschwächen zu beschäftigen, um sie zu korrigieren. Auf lange Sicht ist das Ziel dieser Selbstheilungsmethode, die Schwächen seiner Persönlichkeit abzumildern bzw. die störenden Aspekte auszulöschen.

Emmas Erfahrung beim Umgang mit dem Ergebnis

Emma stellt fest, dass sie vom Persönlichkeitstyp 2 ist. Sie gehört also in die Kategorie der Altruisten, die ebenfalls mit Hochmut verbunden wird. Emma hat sich jedoch nie als hochmütig empfunden und so beschäftigt sie diese Einordnung enorm. Als sie sich noch mehr mit ihrer Persönlichkeit auseinandersetzt, erkennt sie, dass ihre Umsicht und ihr

Hochmut zwei Seiten desselben Charakterzugs sind: Sie verspürt tatsächlich das Bedürfnis, für ihre Arbeit und ihr Verhalten Anerkennung zu bekommen und auch zurückgeliebt werden. Manchmal neigt sie deswegen dazu, verschiedene Persönlichkeiten anzunehmen, um sich anzupassen und ihren Mitmenschen um jeden Preis zu gefallen. Emma denkt über Situationen aus ihrem Alltag nach und plötzlich fügt sich dank dieser „drastischen" Analyse alles zusammen. Nach und nach akzeptiert sie den „neurotischen" Aspekt ihrer Persönlichkeit, der ihr schadet.

Die Eigenschaften umfassen also alle sowohl Stärken als auch Schwächen, denn niemand ist perfekt und kein Enneagramm-Typ ist besser als die anderen. Unter guten Bedingungen ist jeder der neun Typen eine wunderbare Person, erst bei krankhafter Ausprägung kommt das Gefährliche, Selbstzerstörerische und Egoistische etc. zum Vorschein.

Die Kategorien sind dabei nicht in Stein gemeißelt: Je nach Lebenssituation ändern sich die Gedanken und Verhaltensweisen eines Menschen. Man bewegt sich deswegen meist zwischen verschiedenen Charaktereigenschaften eines Persönlichkeitstyps, zwischen dessen positiven und negativen Seiten, hin und her, wobei die meisten versuchen, den positiven Eigenschaften mehr Raum zu geben.

TOP TIPPS

- Beginnen Sie die Analyse Ihrer Persönlichkeit selbstbewusst und mit dem festen Wunsch, Ihr Wohlbefinden zu steigern. Dafür sollten Sie weder an dem Vorgehen, das sich schon bewährt hat, noch an sich selbst und Ihren Fähigkeiten zur Besserung zweifeln.
- Bleiben Sie objektiv. Damit die Methode des Enneagramms zu einem Ergebnis führt, müssen Sie sich objektiv betrachten. Wenn es Ihnen gelingt, sich mit etwas Abstand zu beobachten, haben Sie schon einen großen Schritt getan.
- Beziehen Sie Ihre Freunde und Familie mit ein. Da der vorherige Tipp nicht immer so leicht umzusetzen ist, kann es hilfreich sein, sein Umfeld mit einzuspannen.
- Haben Sie keine Angst vor dem Ergebnis! In der Regel folgt bei den Ergebnissen des Enneagramms auf einen ersten positiven Satz eine wenig erfreuliche Erläuterung des Verhaltens. Dabei handelt es sich um einen Schlüsselmoment, da dies bei der analysierten

Person zu einer Art Schock führt. Auch wenn dies durchaus Abschreckungspotenzial birgt, stellt dieser Moment dennoch den Beginn der tatsächlichen Arbeit an der Persönlichkeit dar.

- Nehmen Sie sich etwas Zeit, um mit den Erkenntnissen aus der Analyse Geschehnisse aus der Vergangenheit erneut zu betrachten. Sie sollten nicht versuchen, so schnell wie möglich zu einer besseren Selbstkenntnis zu gelangen. Wie so oft ist auch hier vielmehr der Weg das Ziel. Wenn Sie die Ergebnisse der Analyse zunächst verarbeiten müssen, sollten Sie sich die Zeit dafür nehmen. Dies kann sich nur positiv auf die weitere Arbeit an Ihrer Persönlichkeit auswirken.
- Überlegen Sie, wie eine Verbesserung Ihrer Persönlichkeit aussehen könnte.
- Betrachten Sie die gesamte Analyse Ihres Enneagramms: den Enneagramm-Typen, den dominanten Flügeltypen und die Integrations- und Desintegrationsrichtungen. Dabei können Sie ebenfalls feststellen, ob in Ihrer Entwicklung bereits eine Tendenz zu einem anderen Verhalten besteht.
- Überlegen Sie, wie Sie Verhaltensänderungen konkret im Alltag umsetzen können.

Erinnern Sie sich an erlebte Situationen und spielen Sie sie in Gedanken mit einem neuen Ansatz durch, wobei Sie Ihre gewöhnlichen Verhaltensmuster ablegen. Ziel dabei ist, sich mental neu zu programmieren, um in Zukunft anders zu reagieren.

- Seien Sie offen für andere Therapieformen, um Ihre Probleme selbst zu lösen und somit aus eigener Kraft und dank Ihres Willens das Enneagramm effektiv einsetzen zu können.
- Nutzen Sie die gesammelten Erkenntnisse, um Ihre Mitmenschen zu verstehen. Einer der großen Vorteile des Enneagramms ist nämlich, dass es dabei hilft, sich über die zahlreichen Beweggründe bewusst zu werden, von denen Ihr Umfeld geleitet wird. Sie können mit dieser Methode also über sich hinauswachsen, indem Sie Ihren Mitmenschen gegenüber verständnisvoller und toleranter werden.

FAQ

IST DIE VERWENDUNG DES ENNEAGRAMMS ZUR PERSÖNLICHKEITSANALYSE GLEICHBEDEUTEND MIT KASTENDENKEN?

Im Gegenteil – Ziel des Enneagramms ist, das Kastendenken aufzubrechen und den Anwender näher an seine Persönlichkeit zu bringen. Seinen Enneagramm-Typ zu erkennen bedeutet, sich seiner Denkweise und Verhaltensmuster bewusst zu werden. Je nach Charakter, Bildungsweg und Lebenserfahrung entwickelt der Mensch eine bestimmte Art sich zu verhalten, der er sich nicht unbedingt bewusst ist. In manchen Fällen kann dieses Verhalten einschränkend sein, wobei es in der Regel schwierig ist, seit langem eingespielte Verhaltensmuster abzulegen. Die Enneagramm-Methode zeigt diese jedoch auf, wodurch sie einfacher vermieden werden können, und weist damit den Weg zu einem freieren Leben.

ERFAHRE ICH WIRKLICH NEUES ÜBER MICH SELBST, WENN ICH MEINE PERSÖNLICHKEIT MITHILFE DES ENNEAGRAMMS BETRACHTE?

Es mag erstaunlich sein, doch die Analyse mithilfe des Enneagramms enthüllt tatsächlich Aspekte über die eigene Persönlichkeit, denen man sich vorher nicht bewusst war.

Die Stärken und Schwächen, die man sich zuschreibt, können meist gruppiert und einer Verhaltensart zugeordnet werden, die wiederum an bestimmte Verhaltensursachen (Enneagramm-Typ) gebunden sind. Die bekannten Charaktereigenschaften dieses Typs sind lediglich Facetten, für die dank des Aufbaus des Enneagramms Lösungen gefunden werden können: Zu den Persönlichkeitstypen kommen noch die Flügeltypen und Entwicklungsrichtungen.

Die Flügeltypen entsprechen jeweils den Enneagramm-Typen, die neben dem Persönlichkeitstyp liegen und zu deren Eigenschaften dieser tendiert – wobei die

Ähnlichkeit zu einem Flügeltypen in der Regel ausgeprägter ist als zum anderen. Die Betrachtung der Eigenschaften der Flügeltypen bzw. des dominanten Flügeltypen kann einen ersten Aufschluss über mögliche Verhaltensänderungen bringen.

Das Enneagramm enthält zudem Pfeile zwischen den Enneagramm-Typen, die zeigen, zu welchem Verhalten diese in angenehmen Situationen bzw. unter Stress tendieren.

> **Emmas Entwicklungsrichtungen**
> Zu den negativen Eigenschaften von Typ 2, dem Emma entspricht, gehört der Drang sich stets an seinen Gesprächspartner anzupassen, um diesem zu gefallen und zurückgeliebt zu werden. Deswegen sagt Emma zu allem reflexartig „ja", selbst wenn sie nicht einverstanden ist. Sie weiß jetzt, dass es ihr hilft, wenn sie sich Typ 8 annähert und lernt Nein zu sagen.

Das Enneagramm ermöglicht es also, auf verschiedene Weise über sich und seine Verhaltensweisen nachzudenken, sowie darüber hinaus die Persönlichkeit einer Person in ihrer ganzen Komplexität zu erfassen.

WELCHER ZUSAMMENHANG BESTEHT MIT MEINEM BERUFSLEBEN?

Anhand der folgenden Beispiele aus dem Berufsleben, bei denen die Persönlichkeit eine wichtige Rolle spielt, wird deutlich, wie das Enneagramm eingesetzt werden kann.

- **Beim Bewerbungsgespräch**: Dieser Schlüsselmoment der Neueinstellung wird durch das Enneagramm erleichtert, gerade wenn der mögliche zukünftige Arbeitgeber nach Stärken und Schwächen fragt. Sie können sich dann mit einer präzisen Antwort von anderen Bewerbern abheben und zeigen, dass Sie Ihre Persönlichkeit kennen und Ihre Stärken und Schwächen optimal einzusetzen wissen.
- **Bei Uneinigkeiten**: Unabhängig davon, ob eine Uneinigkeit durch ein Missverständnis oder eine unabwendbare Konfrontation entstanden ist, führt sie häufig zu Frustration und kann sich daher negativ auf die Arbeit auswirken. Selbstkenntnis und die Fähigkeit, das Problem und die Gründe, weswegen eine Situation unangenehm ist, genau zu benennen

sind dabei unerlässlich, werden aber häufig vernachlässigt. Das Enneagramm dient als eine Art Erinnerung daran, wie wichtig die eigene Wahrnehmung einer Konfliktsituation ist, und hilft, diese zu lösen, indem man in erster Linie an sich selbst arbeitet.

- **Bei der Optimierung der Gruppenarbeit**: Die Kenntnis der Gründe für bestimmte Verhaltensweisen der Gruppenmitglieder kann zu einem bedeutenden Faktor bei der Optimierung von Gruppenarbeit werden. Da jeder Enneagramm-Typ durch seinen Umgang mit bestimmten Situationen charakterisiert ist, versetzt einen die Kenntnis darüber in die vorteilhafte Lage, die Reaktionen der beteiligten Personen abschätzen zu können.

PASST ZU JEDEM PERSÖNLICHKEITSTYP EIN BESTIMMTER BERUF?

Nein, so weit wird mit dem Enneagramm nicht gegangen. Da es jedoch auf den Gründen für bestimmtes Verhalten basiert, kann die Kenntnis über seinen Enneagramm-Typen, dominanten Flügeltypen und Entwicklungsrichtungen – und damit über die Gründe für das eigene Verhalten – dabei helfen herauszufinden, welche Art von Beruf bzw. Stelle zu einem passen könnte. Man sollte jedoch darauf achten, seine Berufswahl nicht zu sehr von der Enneagramm-Analyse abhängig zu machen, da diese lediglich ein Hilfsmittel darstellt und kein Orakel ist.

Der Enneagramm-Typ beschreibt vor allem die Stärken, die die jeweilige Person für eine bestimmte Funktion mitbringt, ebenso wie die Schwächen, die ein Problem darstellen könnten.

KOMMEN MANCHE PERSÖNLICHKEITSTYPEN GAR NICHT MITEINANDER AUS?

Wie bereits erwähnt weist das Enneagramm auf unliebsame Wahrheiten hin, anstatt sie zu verschleiern: Jeder Mensch ist anders und deswegen unterscheiden sich auch ihre Herangehensweisen an bestimmte Aufgaben voneinander, da die Beweggründe und Denkmuster nicht die gleichen sind. Zu wissen, wie ein Kollege tickt, ist daher für effiziente Zusammenarbeit äußerst wichtig, was durch die Anwendung der Enneagramm-Methode erleichtert wird.

Vorausgesetzt, dass jeder die Funktions- und Denkweise sowie Beweggründe der anderen kennt, kommen alle Enneagramm-Typen gut miteinander aus. Da jedoch jeder Enneagramm-Typ unterschiedliche Erwartungen hat, die seinen Beweggründen entsprechen, kommt es unausweichlich zu Frustration, Missverständnissen und Konflikten, wenn diese Erwartungen von den Kollegen nicht erfüllt werden. Die Verwendung der Enneagramm-Methode im Unternehmen ermöglicht es Kollegen, ihre jeweiligen Denkweisen zu verstehen, wodurch auch Verhandlungen einfacher werden.

ÄNDERT SICH DER EIGENE PERSÖNLICHKEITSTYP MIT DER ZEIT?

In der Regel behält man den Enneagramm-Typen, dem man als Kind angehört, sein Leben lang bei. Er ist der „Grundtyp" und erklärt am genauesten die Persönlichkeit. Diese ändert sich zwar nicht, wird aber im Laufe der Zeit komplexer und so kann es sein, dass man sich von bestimmten Eigenschaften seines Persönlichkeitstyps entfernt und dafür andere annimmt. Das Ziel der Enneagramm-Methode ist gerade die Selbstkenntnis, mit der man seine Stärken besser nutzen und gegen seine Schwächen vorgehen kann, indem man sich den Stärken anderer Typen annähert.

Der Ansatz, der mit dem Enneagramm verfolgt wird, berücksichtigt mit den Flügeltypen und Integrations- bzw. Desintegrationsrichtungen die Entwicklung der Persönlichkeit. Sie vervollständigen den Enneagramm-Typ und helfen dadurch, die Persönlichkeit in all ihren Facetten zu erklären.

JETZT SIND SIE GEFRAGT!

Diese kurze Einführung in die Enneagramm-Methode hat Ihnen sicherlich gezeigt, wie zutreffend die Analyse ist und welche positiven Auswirkungen sie hat. Neben der Zuordnung der Verhaltensweisen zu einem Enneagramm-Typen, den Flügeltypen und Entwicklungsrichtungen, bietet die Methode ebenfalls Wege zur Veränderung der Persönlichkeit.

> Wenn man sich auf einer hinwendungsvolle Suche nach Selbsterkenntnis objektiv den eigenen Abirrungen stellt, indem man bemüht ist, den Geist für Unzulänglichkeiten und Fehler zu öffnen, auf die man dabei stößt, wird man entdecken, dass ein Verstehen der eigenen Person für sich genommen schon genügt, da die Wahrheit über uns selbst uns tatsächlich freimachen kann. Denn sobald wir einmal wirklich zu Einsichten über uns selbst gelangt sind, wird dies uns verändern, und zwar ganz ohne unser Zutun. (Naranjo: *Charakter und Neurose*. S. 255)

Sie haben jetzt Ihren Enneagramm-Typen bestimmt – oder zumindest die, denen Sie sich am meisten annähern. Damit haben Sie schon alles, was Sie benötigen, da Sie bereits durch das Anstoßen des Selbstkenntnisprozesses begonnen haben, sich zu ändern.

Eventuell verspüren Sie jedoch das Bedürfnis Ihre Kenntnisse noch zu erweitern und andere Techniken kennenzulernen, die Ihnen dabei helfen können. Das Neuro-Linguistische Programmieren (NLP) und die Emotional Freedom Techniques (EFT) können dazu sehr gut mit dem Enneagramm kombiniert werden.

- Das Neuro-Linguistische Programmieren ist eine Methode aus der Psychotherapie, die sich wie das Enneagramm bereits in der Arbeitswelt etabliert hat. Mit ihr wird beobachtet, wie man die Realität wahrnimmt und Verhaltensweisen mit einer dominanten Sinneswahrnehmung verbindet. Der Klient soll sich dann bewusst für eine andere Sinneswahrnehmung entscheiden, also seine Denkmuster ändern. Die Enneagramm-Typen finden ihre Entsprechungen in der NLP, sodass die Kombination der Herangehensweisen die

Selbstkenntnis noch vertiefen.

- Die Emotional Freedom Techniques (auf Deutsch: „Techniken der Emotionalen Freiheit") setzen auf Klopfakupressur, wobei gezielt Druck auf Akupressurpunkte des Körpers ausgeübt wird, um so negative Emotionen zu lösen, die durch bestimmte Ereignisse verursacht wurden. Diese können nämlich zu Blockaden führen, die einem Verhalten, das zu Wohlbefinden führt, entgegenstehen.

Die Grundprinzipien dieser drei Techniken sind dieselben. Es wird davon ausgegangen, dass jeder die Möglichkeit in sich trägt, sich selbst zu verbessern. Mit dem Enneagramm als Ausgangspunkt ist jeder in der Lage, seinen eigenen Wert zu erkennen und sein Umfeld mit seiner Persönlichkeit zu bereichern.

Ihre Meinung ist uns wichtig!
Hinterlassen Sie doch einen Kommentar auf der
Seite unserer Online-Buchhandlung
und teilen Sie Ihre Favoriten in den sozialen
Netzwerken!

DARÜBER HINAUS

LITERATURVERZEICHNIS

- Lapid-Bogda, Ginger: *L'ennéagramme. Se connaître pour réussir.* ESF Éditeur: Issy-les-Moulineaux 2007.

- Naranjo, Claudio: *Charakter und Neurose. Eine integrative Sichtweise.* Übersetzt von F. Höfer, überarbeitet von Susanne Stetter. Springer: Wiesbaden 2017.

- Rognoni, Andrea: *L'ennéagramme. Nouvelle méthode d'analyse psychologique.* Éditions de Vecchi: Paris 1997.

WEITERFÜHRENDE LITERATUR

- Labudde, Gabriele: *Enneagramm. 9 Chancen, sich selbst und andere besser zu verstehen.* Gräfe und Unzer: München 2017.

- Riso, Don Richard; Hudson, Russ: *Die Weisheit des Enneagramms. Entdecken Sie Ihren inneren Reichtum.* Aus dem Englischen von Franz Janowitz. Goldmann: München 2014.

- Riso, Don Richard: *Die neun Typen der Persönlichkeit und das Enneagramm.* Aus dem Englischen von Bettina Braun. Knaur: München 2000.

- Rohr, Richard; Ebert, Andreas: *Das Enneagramm. Die 9 Gesichter der Seele*. Claudius: München 1999.

MEHR AUF 50MINUTEN.DE

- Cailteux, Caroline: *Gruppenarbeit gewinnbringend einsetzen. Tipps für gelungenes Teamwork*. Aus dem Französischen von Leonie Kremer. Plurilingua Publishing: Brüssel 2019.

- Charlier, Maïlys: *Emotionale Intelligenz fördern. Methoden, mit denen Sie Ihren EQ boosten*. Aus dem Französischen von Leonie Kremer. Plurilingua Publishing: Brüssel 2019.

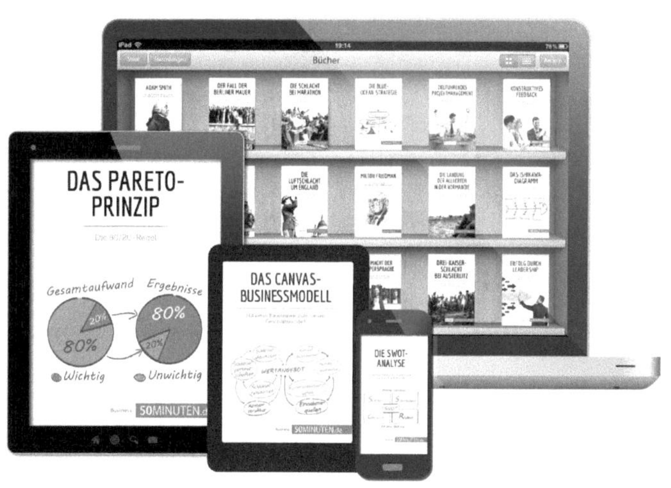